IDEAS DE NEGOCIOS

Un método científico para descubrir las demandas del mercado y dar a la gente lo que está dispuesto a pagar

Riley Reive

Copyright © 2017 Riley Reive

Todos los derechos reservados

Si desea compartir este libro con otra persona, por favor, compre una copia adicional para cada destinatario. Gracias por respetar el trabajo duro de este autor. De lo contrario, la transmisión, duplicación o reproducción de cualquiera de los siguientes trabajos, incluida información específica, se considerará un acto ilegal independientemente de si se hace por medios electrónicos o impresos. Esto se extiende a la creación de una copia secundaria o terciaria de la obra o una copia grabada y sólo se permite con el consentimiento expreso por escrito de la Editorial. Todos los derechos adicionales reservados.

TABLA DE CONTENIDOS

INTRODUCCIÓN..i

CAPÍTULO 1

CREAR UNA NUEVA IDEA DE NEGOCIO..1

CAPITULO 2

ENCONTRAR UNA IDEA DE NEGOCIO ASESINO..........................5

CAPÍTULO 3

¿CÓMO CREAR UNA IDEA DE NEGOCIO EN LÍNEA RENTABLE?..11

CAPÍTULO 4

EVALUACIÓN DE LAS IDEAS DE NEGOCIOS QUE HA GENERADO..21

CAPÍTULO 5

PASOS PARA GENERAR SU PRÓXIMA IDEA DE NEGOCIOS EXITOSA..28

CONCLUSIÓN..38

IDEAS DE NEGOCIOS

INTRODUCCIÓN

La ideación es proceso creativo de generar, desarrollar y comunicar nuevas ideas de negocios.

Cuando se planea lanzar un nuevo negocio, nosotros tomamos un concepto existente o desarrollamos nuestra propia idea. Lo mismo aplica para hacer crecer un negocio existente. Siempre he batallado con determinar qué es lo más difícil – encontrar la idea o ejecutarla.

A veces las ideas son fáciles de decir, y la parte más difícil es decidir si es lo suficientemente buena como base para el desarrollo de un negocio rentable. Si tienes lo que crees es una "gran idea", el siguiente reto es demostrar o probar que eso se traducirá en un proyecto exitoso.

Entonces, hay ocasiones en que una idea viable es lo más difícil de encontrar. Puede parecer como que todas las ideas buenas ya han sido tomadas, y que te han dejado a la orilla con los recursos y el deseo de empezar o hacer crecer un negocio, pero sin una gran idea.

El proceso de ideación puede tomar un día o puede tomar años, y como con el proceso creativo, es usualmente improductivo hacerlo deprisa.

Además de las barreras típicas de recursos (dinero y personas), la carencia de una "buena idea" es a menudo lo que deja a las personas sin poner en acción su sueño de convertirse en su propio jefe.

CAPITULO 1

CREANDO UNA NUEVA IDEA DE NEGOCIOS

Crear un nuevo negocio comienza con la idea. El proceso de desarrollar esa idea, y tu concepto de negocio, puede quizá incluir algún nivel de prueba a través de un prototipo e iteración.

Durante estas fases iniciales, tu idea indudablemente evolucionará y puede incluso pasar a ser algo totalmente diferente. Estas son las tres categorías básicas de ideas para negocios, y considerar estas categorías puede ayudar a hacer brillar esa siguiente idea original o validar la existente:

1. Nuevo: Una nueva invención o idea de negocios. Esta es la categoría más difícil para una nueva idea de negocios. Hay muy pocas ideas verdadera y completamente nuevas. Por "Nuevo" no me refiero a algo que absolutamente no es actual ni que exista en el pasado de alguna manera.

Es fácil confundir una nueva idea con lo que es realmente una mejora o desorganización de una manera de hacer algo existente o tradicional. Es difícil conseguir Ideas verdaderamente nuevas y únicas, así que no te paralices por pensar que esta es la única fuente de nuevas ideas viables.

2. Mejora: Este es el mejor proverbio. Ejemplos incluyen lavar autos al instante (mientras estás aún dentro del auto), y luces LED. La mayoría de los negocios pequeños probablemente caen en esta categoría. Tomas un servicio existente o producto y lo haces o entregas en una mejor manera, sea directa o indirectamente.

Lo haces de materias primas de buena calidad, por ejemplo, o puedes añadir valor al producto o servicio al incluir servicios adicionales o complementos.

3. Ruptura: Una nueva y revolucionaria forma de hacer algo. Ejemplos incluyen Uber, AirBnB, y Amazon. Nuestro mundo moderno interconectado – apoyado y hecho posible por el internet – ahora nos permite completamente reinventar, transformar e interrumpir las industrias completas.

El internet y otras tecnologías no son la única manera de ejecutar una idea rompedora de negocios, pero ciertamente eso ha acelerado nuestra habilidad para hacerlo.

¿De dónde vienen las ideas? Las fuentes de ideas pueden incluir la lectura, podcasts, arte, arquitectura, experiencias personales, viajes, conversaciones, y pasatiempos, tomarlas de otros, creatividad del público, y el intento de resolver problemas existentes en nuestro mundo.

Para negocios existentes, el mejor recurso de ideas son usualmente tus propios clientes. Aún tiene mucho más que sólo experimentar o leer algo

IDEAS DE NEGOCIOS

para iluminar tu siguiente gran idea.

Experimentar nuevas cosas conscientemente u objetivamente definitivamente influenciará y alimentará tus habilidades de creatividad, y es una de las maneras más productivas en las que podemos continuar nuestra habilidad de generar grandes ideas.

¿Significa esto que tienes que ser creativo para generar buenas ideas de negocios? Creo que la creatividad es ciertamente uno de los ingredientes principales requeridos para la ideación, junto con ingeniosidad y visión.

El desafío para mucha gente, sin embargo, es que ellos o tienen poca confianza en sus habilidades de creatividad que han heredado o no tienen el suficiente coraje para expresarla y usarla.

La idea de proceso generacional es mucho como el proceso creativo en que estamos presentando algo personal para ser juzgado por otros. Debes tener coraje y confianza para enviar ideas en las que otros puedan pensar que son frívolas o ridículas.

El proceso ideal es identificar una o más ideas para negocios, probarlas, y entonces continuar desarrollando la idea que tiene la mejor posibilidad para lograr el éxito. Por supuesto, siempre recuerda que la verdadera prueba de viabilidad una idea de negocios últimamente descansa completamente en el cliente. También recuerda que, si tu concepto era algo fácil, probablemente ya ha sido hecho por alguien más.

Hay algunas preguntas que puedes hacerte para ayudarte a calificar tu idea para negocios:

RILEY REIVE

1.- ¿Qué necesita cumplir mi producto o servicio? ¿Qué problema resuelve?

2.- ¿Cuáles son las características y beneficios de mi oferta?

3.- ¿Qué es una ventaja competitiva? ¿Qué hace esta idea verdaderamente única en el mercado?

4.- ¿Cómo mis habilidades y experiencia encajan con mi idea?

5.- ¿Cómo seré capaz de probar y demostrarlo?

6.- ¿Qué recursos necesitaré para construir esta idea en un negocio viable?

7.- ¿Mi idea soluciona un problema de un billón de personas o el problema de sólo unos pocos?

8.- ¿Puedo visualizarme ejecutando esta idea por los próximos 5 o 10 años?

CAPÍTULO 2

ENCONTRANDO UNA IDEA DE NEGOCIOS ASESINA

Sabes que quieres empezar tu propio negocio y ser tu propio jefe; buenas noticias. Sin embargo, no tienes la idea perfecta de negocios aún – no entres en pánico. Aquí está el método que puedes usar.

EL MÉTODO TIENE TRES PASOS BASICOS:

1. Generar la idea

2. Confirma y aprende

3. Empieza pequeño, crece rápido

1. Genera la idea: Este es acerca de tener muchas ideas, escribirlas y encontrar el hilo común con el cual puedes empezar a construir una idea. Sólo recuerda que tu negocio no necesita ser único, sólo la manera en que

lo entregas. Haz cosas que disfrutas – de esa manera pondrás largas horas de esfuerzo y trabajo requerido para construir el negocio de tus sueños y minimizar la agonía. Empezar tu propio negocio realmente te da la oportunidad de hacer algo en lo que tienes pasión.

Así que aquí hay algunas preguntas que te puedes hacer y darles una respuesta escrita:

1. ¿En qué eres bueno?
2. ¿Qué haces que disfrutes?
3. ¿Cuál es tu experiencia?
4. ¿Cuál es tu pasión en la vida?
5. ¿Qué has querido hacer siempre?
6. ¿En qué no tienes esperanza / realmente no te gusta hacer?

Una vez que has hecho eso que necesitas para empezar a mirar los hilos comunes y cómo tus habilidades actuales y conocimiento pueden complementar tu potencial para hacer negocios.

Puede que encuentres que eres bueno en organizar, amar viajar o tener pasión por el vino. Talvez en el pasado de tu mente, siempre has querido ser un agente de viajes.

Tu trabajo hasta ahora ha sido en administración, pero realmente odias los números y las finanzas. Así que, al mirar esta lista, una posible idea para negocios podría ser organizar tours de probar vinos para individuos de alto valor neto. Acerca del problema con números y finanzas podrías pensar acerca de conseguir a alguien más para que se envuelva en el negocio como socio o consejero.

2. Confirma y aprende: Aquí tomamos la idea de negocios sin procesar y empezamos a investigar su potencial. A medida que empieces a aprender más acerca del mercado de la idea del negocio, puedes empezar a darle forma y desarrollar la idea más allá, así como confirmar si eso es algo que funcionará en negocios a largo plazo.

Mira si hay un buen mercado para este tipo de negocios – Google Trends (Te permite ver cuál es la tendencia acerca de un tema en in país, región y ciudad! (Excelentes datos para conectar cualquier campaña en los anuncios de Facebook) y Google Traffic Estimator es una excelente herramienta gratuita para esta investigación.

Yo personalmente uso Keyword Planner de Ubersuggest.io (https://ubersuggest.io/)

Con esta herramienta, quiero ver cuál es la masa crítica que en Internet está buscando por un tema en particular.

Ubbersuggest es una herramienta en línea que al usar los datos de Google Suggest, nos muestra todos los números relacionados a una palabra clave, la cual ha sido escrita en Google dentro de un mes.

Para un uso óptimo del instrumento de las palabras clave.

…ve a esta dirección: https://keywordseverywhere.com/ubersuggest.html

RILEY REIVE

Descarga la extensión para Google Chrome o Firefox, al hacerlo, cada vez que ingreses una palabra en Google. Inmediatamente indicará el volumen exacto mensual y el costo por clic asociado con una campaña potencial con Google Adwords.

N.B. Después de instalar la extensión, ve al sitio web: https://ubersuggest.io/

Ahí estarán los volúmenes precisos de palabras clave que escogiste, mostrando todas las posibles combinaciones con otros términos de búsqueda.

Ingresa palabras clave en una forma diferente, simplemente porque la gente no busca en Google de la misma manera.

En general, para lucrar:

Mientras más sea el nicho potencial para obtener ingresos y más personas lo busquen en Internet.

En general considera al menos 4,000 – 5,000 búsquedas promedio por mes.

Por otra parte, incluso si el nicho muestra mucha investigación, no pienses que será automáticamente rentable.

Examina la competencia y mira cuán mejor podrías ser, diferente o más barato. También mira cuán diferentes son entre ellos.

Yo también uso Buzzsumo el cual me permite ejecutar una campaña rentable en Facebook. Buzzsumo es **básicamente una herramienta de**

investigación y monitoreo. Deseando combinar sus principales características podemos identificar los siguientes 4 macro-objetivos:

- Localiza los **contenidos** más compartidos en redes sociales
- Indica el *influenciador* principal en relación con temas particulares
- Analiza los **sitios de competencia** y obtén datos acerca de sus contenidos
- Notifica la información y actualizaciones de **palabras clave, nombres de marcas, vínculos, autores o dominios.**

Indica en la barra de búsqueda apropiada un tema, y el motor de BuzzSumo regresará una lista de resultados que puedes ordenar en base a un número de compartidas en Facebook.

Contenido relacionado a ellos ha sido producido, los cuales son los más compartidos, dónde y por quien.

Así que básicamente, te muestra lo que la tendencia de temas del momento y ayuda a encontrar nuevas ideas. A través de la búsqueda de una palabra clave especifica o tema, tienes una vista general de los contenidos más populares en los principales canales sociales en las ultimas 24 y/o 12 meses.

Acerca de lo que dijimos hasta ahora, has algún entrenamiento o tal vez obtén la calificación básica. Esto te expondrá en el ambiente de un nuevo mercado y puedes rápidamente ver si lo disfrutas antes de invertir más.

Habla de la idea con algunas personas a las que les tengas confianza. Sin embargo, la mayoría de la gente será negativa en cuanto a tomar riesgos. Obtén alguna experiencia haciendo algún trabajo voluntario o trabajo de medio tiempo en ese sector; ve a una sesión de información y diviértete en seminarios o tiendas para descartar ideas.

3. Empieza pequeño, crece rápido: ¡Esto no es acerca de estar en banca rota dentro de un año! Has encontrado una idea de negocios apelante y deseable. Ahora entiendes mejor el mercado y has ganado conocimiento y alguna posible experiencia. Así que, ¿cómo pones eso en acción? Firmemente creo que necesitas probar el mercado real, en formas pequeñas y de tiempo parcial. Si esto prueba ser exitoso puedes empezar a construir el negocio e invertir más tiempo, esfuerzo y dinero a medida que el negocio progresa. Si tu primer intento no es tan exitoso como deseabas:

a. Has aprendido algunas ideas útiles.

b. Ajusta la formula e intenta otra vez.

Desarrollar una idea de negocios que vaya contigo podría ser la mejor inversión de tiempo que alguna vez harás. No es probable que tu idea original será la única con la cual estarás operando en dos o tres años, pero la idea original que comenzaste valdrá más que tu peso en oro.

CAPITULO 3

¿CÓMO CREAR UNA IDEA DE NEGOCIOS EN LINEA RENTABLE?

¡Crear una idea rentable de negocios en línea! Esta es la primera cosa que cualquier emprendedor en Internet debería enfocarse para satisfactoriamente hacer dinero en línea.

Este es el factor que hace o rompe el éxito en línea o fuera de línea. Podrías pasar mucho tiempo, esfuerzo y dinero persiguiendo la idea equivocada. Este paso es el más importante.

Francamente, no hay manera correcta o incorrecta de hacer ideas geniales, están sólo las mejores prácticas, sentido común y por supuesto algo de suerte. En este capítulo, presentaremos las mejores prácticas de cómo desarrollar ideas de negocios basadas en mi propia experiencia. Ahora avance rápido a lo bueno.

1.   CREAR UNA IDEA DE NEGOCIOS EN LINEA RENTABLE AL INVENTAR ALGO NUEVO

Esta es rara y la más difícil de todas. Como Thomas Edison, quien desarrolló tantos aparatos que grandemente influenciaron nuestra vida. Desde la cámara de imágenes en movimiento a la bombilla eléctrica de larga duración. Si puedes imaginar un cierto producto o servicio que podría hacer las vidas más sencillas, entonces estás en el negocio.

2. CREA UNA IDEA DE NEGOCIOS EN LINEA RENTABLE AL CUBRIR UNA NECESIDAD PERSONAL

Si necesitas un producto o un servicio, ten por seguro que hay otras personas quienes están buscando una solución exactamente para ese problema.

Debes siempre encontrar tu propio camino en el mercado y no sólo lo que quieres. Escucha al mercado y descubre lo que quiere.

Empieza siempre desde problemas reales o desde deseos fuertes que tengan las personas allá afuera.

¡Cuánto más un problema no te deje dormir en la noche, más fácil será hacer dinero gracias a un buen producto, servicio o producto informativo el cual va a resolver el problema en sí!

Además, personas "desesperadas" no toman decisiones racionales cuando ellos están en este estado mental. Así que es más fácil vender cosas, precisamente porque ellos tienen a tomar decisiones debido al estupor del momento.

¡Esta es la razón por la cual los nichos de este tipo – donde hay serios problemas para resolver – son a menudo el trabajo más rentable!

Siempre trabaja en una manera ética para entregar a las personas algo de valor real y que realmente mejore sus vidas, lo recomiendo.

3. CREA UNA IDEA DE NEGOCIOS RENTABLE AL HACER LA VIDA DE LAS PERSONAS MÁS FÁCIL

Estamos enamorados de la manera sencilla. Vamos a Google a encontrar una idea rápida y le pedimos a nuestro a migo una recomendación.

Queremos la ruta más fácil y corta hacia nuestras metas. ¡Si puedes desarrollar una idea para hacer la vida de la gente más fácil! Ellos te amarán por eso.

- Google hizo nuestras vidas más fáciles y ahora podemos encontrar exactamente lo que necesitamos en un abrir y cerrar de ojos. Y ellos van más lejos cada día desde búsquedas locales, búsquedas para blogs, búsquedas escolares, búsquedas de imágenes, búsquedas de películas, búsquedas de noticias y cualquier otro tipo de búsqueda que puedas imaginar.

Por ejemplo:

- Pérdida de peso
- Ganar dinero

- Cómo mejorar un negocio

- Seducción

- Solucionar un problema de salud

- Resolver un problema psicológico leve

4. CREAR UNA IDEA DE NEGOCIOS EN LINEA RENTABLE AL MEJORAR LA IDEA ACTUAL

No todos tienen la visión para detectar una tendencia que va en aumento o una necesidad especifica. Así que es más fácil desarrollar y mejorar una idea negocios actual que la idea original.

- Google hizo esto. Cuando ellos fueron testigos de que los motores de búsqueda estaban meramente desplegando búsquedas sin resultados claros. Ellos desarrollaron un motor de búsquedas que mostraba resultados basados en las preferencias del usuario e historial para explotar las cookies.

  Intenta buscar cualquier termino y has una búsqueda amistosa por el mismo término exacto con una computadora diferente y encontrarás resultados diferentes, como Google escanea tu historial y comportamiento de búsqueda por un Algoritmo muy complejo y muestra los resultados más relevantes para ti. Ellos crecieron y se convirtieron en el navegador de búsqueda número uno y el sitio web número uno de Internet hoy.

5. CREA UNA IDEA DE NEGOCIOS EN LINEA RENTABLE AL OFRECER SERVICIOS INCREIBLES

A veces, no nos podemos hacer una idea de negocios o una mejora a un modelo actual de negocios. Bueno, la mejor cosa para hacer es escoger un negocio modelo que te guste. Estudialo y no te diferencies por precios más bajos.

- Zappos lo hizo. Ellos empezaron ofreciendo grandiosos zapatos para vender en su sitio web como los cientos y miles de otros sitios web. Pero ellos llevaron el servicio del cliente a limites nunca antes vistos. Ellos ocasionalmente enviaban flores o un regalo o un vale por tu cumpleaños. Ellos pueden enviar tus productos por entrega rápida sin costo adicional para ti, y estarías felizmente sorprendido.

    Su servicio al cliente hablaría contigo por teléfono tanto como necesites la explicación de cada detalle una y otra vez. ¡Actualmente, hay una llamada de teléfono documentada que duró 8 horas! Esto es cuán lejos lo llevaron. ¿El resultado?¡ Ahora, ellos están haciendo más de un billón de dólares en ventas cada año! ¡Ellos son los minoristas de calzado más grandes! Y su gran base de clientes hace todo el trabajo de promoción y publicidad para ellos porque ellos estaban felizmente impresionados.

6. CREAR UNA IDEA DE NEGOCIOS EN LINEA RENTABLE AL METER UN NICHO MUY ESPECIFICO

Un nicho es un grupo de personas compartiendo intereses específicos, hobbies o carreras. Puedes tomar una idea de negocios grande y romperla a sus nichos que la componen, estudia cada una y construye un negocio alrededor de cada nicho.

- LinkedIn es la red social profesional más grande en el mundo. Ellos tomaron el concepto de Facebook y simplificaron cosas. Ellos no necesitan millones de adolescentes, amas de casa o estrellas de TV. Ellos escogieron profesionales y emprendedores y construyeron un sitio web diseñado específicamente para servirles.

Puedes hacer esto. Analizar el negocio grande y romperlo. Encuentra lo que sería un interés para ti y construye un sitio web con eso. Como un ejemplo, puedo considerar analizar LinkedIn en si y ver los pequeños componentes dentro. Bueno, puedes comenzar una "Red Social de Jóvenes Profesionales" o una "Red Social de Gerentes de Proyectos" Decide primero. Busca ideas de cómo puedes proveer una asombrosa, cumplidora experiencia para tu audiencia y entonces construye un sitio web y has eso y más.

Un nicho es una colección de personas unidas por un deseo común para solucionar un problema específico o mejorar su situación en un área específica.

Un nicho comercial, es un grupo de personas quienes no están agrupados juntos sino por el requerimiento citado arriba, pero también:

-Ellos están dispuestos a pagar por acceder a información de calidad que reúne sus necesidades específicas.

-Tienen una posición económica que les permite ser capaces de pagar tu producto, servicio o producto informativo.

-Son accesibles en línea.

- Es un nicho numéricamente largo (al menos 4,000 en promedio de mensual de investigación).

7. CREAR UNA IDEA DE NEGOCIOS EN LINEA BASADA EN TUS PASIONES Y MIEDOS.

El mismo concepto es aquí. Si tienes pasión en algo. Hay una buena oportunidad de que otros se enamoren con eso también. Si estás totalmente asustado acerca de algo que puedes investigar y aprender a solucionar y construir un sitio web ofreciendo la solución.

O simplemente un sitio web que ofrece algún tipo de grupo de apoyo para quienes sufren de ese miedo. Confía en mi eso funciona.

Escribe tus pasiones, lo que amas y lees, escuchas, o miras. Tus sueños, ¿Tal vez? ¡O quizás tus miedos! Escríbelos. Entonces reescríbelos otra vez. Pégalos y míralos cada día. Añade o borra. Te aseguro que encontrarías algo interesante. 8. ¡Crea una idea de negocios en línea rentable por ser raro!

Este no es un error de tipografía. Aunque esto no es mi cosa, pero algunas personas están inundando su cuenta de banco con esto.

- Página de Inicio del Millón de Dólares ¡Si alguna vez me

preguntaras si configurar un sitio web e invitar personas a darte dinero sólo por poner su logo en una página de inicio! ¡Yo diría que esto nunca funcionaría! ¿Dónde está el valor agregado? Bueno, estoy mal esta página de inicio colecciona pagos para poner marcas en la página de inicio "para obtener un pedazo de Internet"

OTRAS MANERAS DE CREAR UN NEGOCIO RENTABLE EN LINEA

Si tu creatividad te echa abajo. Aquí hay algunas otras maneras de ganar ingresos al empezar un negocio en línea.

- Lanzamiento del sitio web: Similar al estado real. Construyes un sitio web. Añades contenido. Atraes visitantes y lo ofreces para vender en un sitio web como Flippa.
- Revendedor de Web Hosting: Con una cuota mensual fija puedes empezar a vender servicio de web hosting. Esto puede ser un modelo de negocio rentable si puedes atraer mucho tráfico.
- Revisa sitios web: Revisa cualquier cosa en la que estés interesado. Y ofrece algunos links de afiliación. Gana comisiones por ventas hechas por tus links.
- Escribir contenidos: Si eres un buen escritor, configura un sitio web y ofrece tus servicios. Puedes unirte a Fiverr, Elance o Upwork las personas están en necesidad constante de buenos escritores.

IDEAS DE NEGOCIOS

¡Este es el único libro que necesitarías para encontrar tu gran idea! No hay maneras correctas o incorrectas. Como viste algunos negocios no realistas hicieron dinero. Nunca sabrás hasta que no lo intentes. Por favor, deja de leer acerca de cómo generar ideas rentables para tu negocio en Internet y empieza a hacer lo que ya te dije arriba.

Seamos prácticos; toma un bolígrafo y un papel – No laptop – y ve a través de cada modelo descrito arriba desde inventar algo hasta mejorar algo a una idea actual de negocios para abrazar tus pasiones y miedos u orientarse a un nicho muy específico.

Ve a través de cada uno, saca ideas de cada uno. Escríbelas. Pégalas. Visualízala y encontrarás tu respuesta tarde o temprano y esta es mi promesa para ti.

Algunas personas argumentarían que ellos necesitan probar una idea rentable antes de empezarla. Bueno, algunas personas están de acuerdo y otras en desacuerdo. Yo estoy en desacuerdo personalmente. Simplemente porque si usted como persona necesitó algo o encarar un problema o un cierto miedo. Ten por cierto que otros sintieron lo mismo también.

Si estás inventando algo nunca hecho antes, esta prueba te haría un poco de bien. Las personas ordinarias no pueden visualizar tu idea, así que sus respuestas nunca te darían una respuesta exacta.

Un ejemplo es cuando ellos inventaron el teléfono. Las personas nunca imaginaron que esto fuera posible y pensaron que sus vidas eran perfectas. Ellos inventaron los celulares y ahora las personas no se pueden imaginar cómo ellos vivieron sin ellos y ahora sus vidas son perfectas, ¡ahora ellos pueden hablar en la calle! Ellos inventaron los smartphones y ahora estás conectado a tu red social, tu negocio y a todo.

La idea aquí es que las personas no pueden imaginar cosas. Edúcalos para aceptar la nueva tecnología. Tanto como eso haga sus vidas más fáciles, ellos serán más felices para escuchar. Tú eres el creador, crea y educa.

CAPITULO 4

EVALUANDO IDEAS DE NEGOCIOS QUE YA HAS GENERADO

Ideas de negocios factibles son evaluadas por análisis de la demanda por el producto o servicio, pesando los recursos disponibles y mirando las habilidades, talentos y conocimientos que tienes.

El Proceso de evaluación de tus ideas implica reflexionar en todas las ideas de negocios y actividades generadoras de ingresos que tú has generado y cero abajo a tres ideas más prometedoras, mirando críticamente las ventajas y desventajas y basado en tu experiencia y juicio.

Para evaluar exitosamente las tres ideas de negocios que has seleccionado, deberías usar una tabla que cuente tus resultados para cada idea de negocios y las categorice en columnas de habilidad y competencias, equipo disponible, acceso a materias primas, recursos financieros y demanda suficiente. Entonces, usa las siguientes preguntas para guiarte:

1. ¿Cuáles de estas ideas de negocios coincide con mis fortalezas?

2. ¿Cuál(es) idea(s) pueden ayudarme a alcanzar mis metas personales?

3. ¿Cuáles recursos necesito para llevar a cabo la idea del negocio?

4. ¿Cuál brecha estoy sintiendo? ¿Es una necesidad o un problema?

5. ¿Hay personas afuera quienes comprarían mi producto o pagarían por mi servicio?

¡Podrías incluso preguntar directamente a tus clientes potenciales!

Antes de intentar vender un producto, podrías hacer una lista de clientes potenciales como objetivo (Ejemplo A través de un blog), interesados en el producto, servicio o información del producto que quieres vender.

Una vez que tienes una lista de personas interesadas en un tema dado, puedes directamente preguntar lo que ellos pueden afectar.

Hacer preguntas vía correo electrónico es más inmediato y es percibido mucho mejor por las personas.

Máximo de 2 a 4 preguntas bien enfocadas, de lo contrario, ¡podrías molestarlos!

Entonces un correo informal y el cual tomará hasta 20 segundos.

IDEAS DE NEGOCIOS

Ejemplo de correo electrónico:

Tema: ¿Me podrías ayudar? (Es importante)

Hola,

Estoy creando nuevo material en xy y necesito su opinión en aspectos muy importantes:

-¿Qué le gustaría que diga en el nuevo material?

-¿Cuál es su más grande miedo acerca de […]? (Alternativo: ¿Cuál es su más grande dificultad en relación a […]?

-¿Qué has intentado hasta ahora lo cual te ha desanimado?

Puede estar seguro de que todo lo que diga será estrictamente confidencial.

¡Le agradezco de antemano por su ayuda!

Nos vemos pronto.

Tu nombre.

A causa de que esta encuesta tiene valor debes tener como mínimo unas cien respuestas. Obviamente mientras mayor sea el número mayor es el resultado significativo que obtienes.

Para analizar las respuestas descarta el 80% de las respuestas y mantén sólo 20% de las respuestas por más tiempo.

Quien da una respuesta más larga y completa siente más claramente y más profundamente el problema que quieres solucionar con tu producto.

1. Análisis Cuantitativo

En una hoja de papel o en un formulario de Google, marqué todos los problemas reportados por participantes en la encuesta. Para cada problema marca cuantas veces es repetido. Al final ponlos en orden de importancia, del más común al menos común.

2. Análisis Cualitativo

Ahora lee todo desde el inicio y analiza cómo la gente describe sus problemas. ¿Hay frases particularmente incisivas? ¿Adjetivos o términos recurrentes?

Colecciona todas estas expresiones porque lo necesitarás cuando escribas una copia.

1. CÓMO EVALUAR TUS IDEAS DE NEGOCIOS BASADO EN TUS HABILIDADES, TALENTOS, CONOCIMIENTO Y COMPETENCIAS

Primero que nada, tienes que evaluar el grado en el cual posees las habilidades requeridas (manual, personal, social, técnico). Si no tienes las habilidades requeridas, deberías pensar en otras opciones como encontrar a alguien más con las habilidades para ayudarte.

Si tienes que encontrar a alguien más con las habilidades, entonces debes preguntarte a ti mismo más allá si serás capaz de pagar a esta persona que contribuye a tu empresa. Recuerda que costo adicional de emplear a alguien puede significar una reducción de tu beneficio.

Si averiguas que la habilidad requerida puede ser desarrollada por ti sin ningún problema, esa idea debería recibir un gran rango. Pero si descubres que tu nivel es bajo o inexistente hasta que la habilidad requerida tenga interés, entonces la idea debería ir a un rango menor.

Segundo, tienes que mirar al futuro de la idea del negocio al preguntarte cuales otras ideas secundarias tienes que adquirir para cumplir tus metas de negocios. Y ¿cómo vas a conseguirlas?

2. CÓMO EVALUAR TUS UDEAS DE NEGOCIOS CON RELACIÓN A LOS RECURSOS DISPONIBLES

Por recursos, me refiero a recursos financieros, recursos humanos y otras entradas como materia prima. Tienes que pensar acerca del comienzo y el trabajo con el capital. La cosa buena de los negocios en línea es que no requieren grandes cantidades de dinero para comenzar. Puedes comenzar humildemente y hacer crecer tu negocio.

Sin embargo, debes tomar nota de los recursos financieros que necesitas para invertir en comprar equipamiento (computadora) y gastos de apertura. Necesitas pensar en tener un dinero que usarás para satisfacer los requerimientos diarios de un negocio en ejecución.

Un rango positivo sólo aplica cuando eres capaz de tener todo el dinero requerido para empezar un negocio. Y un rango muy bajo implica que no puedes tener nada para empezar un negocio.

Segundo, tienes que enfocarte en entradas relacionadas como equipamiento y materia prima (Ej. Software). Cuando usas cierto equipo, necesitas poseer ciertas habilidades. Adicionalmente, necesitas mirar la disponibilidad del equipamiento, ahora y en el futuro, y las dificultades que puedas encontrar cuando lo uses.

Materias primas son lo que usas para producir el producto. Un buen negocio debería tener una entrada constante de materias primas y su disponibilidad es muy importante. Si son fácilmente disponibles, entonces da un alto rango. Pero si hay problemas o fluctuaciones temporales en disponibilidad y precio, entonces el rango es bajo.

3. EVALUANDO TUS IDEAS DE NEGOCIOS BASADOS EN LA DEMANDA DEL PRODUCTO O SERVICIO

Aquí deberías enfocarte en tu única proposición de venta, algo especial acerca de la idea que puede hacerla más atractiva. La demanda de un producto o servicio significa el grado en el cual los clientes lo quieren. Tienes que tomar niveles de competición en el mercado.

La demanda de un producto o servicio está también relacionada a la habilidad de clientes orientados a comprar. Ellos pueden tener la necesidad del producto o servicio, pero cuando ellos no tienen dinero para pagarlo esto significa que la demanda actual es baja.

Habiendo ido a través del proceso completo, seleccionarás entonces una idea de negocios que has recibido del gran número de puntaciones y anota los puntos usando lo que está debajo:

IDEAS DE NEGOCIOS

1. ¿Cuál es la idea y cuál es su estado?

2. ¿A qué mercado se dirige la idea del negocio? ¿Hay alguna sugerencia o testimonios de algún cliente?

3. ¿Por qué crees que tienes ventaja en el mercado en relación con las necesidades del mercado?

4. ¿Cuál es la competencia en el mercado?

5. ¿Quiénes son el equipo que va a hacer el negocio tener éxito?

6. ¿Cuál es tu visión a largo plazo para tu negocio y el regreso proyectada de la inversión?

7. ¿Cuál es la financiación total estimada requerida para ejecutar el plan de negocios?

8. ¿Qué cantidad de financiación estás buscando inicialmente?

Finalmente, un escrito apropiado del análisis de tu idea de negocio será muy importante para ti, para que desarrolles un plan de negocios más lejos y para transmitir toda la información esencial en una manera más concisa y clara. Te habilita para comunicarte en una agradable, pasional y creíble manera para capturar la atención de otros, especialmente a las personas que quieres que te apoyen mientras comienzas tu negocio.

CAPITULO 5

PASOS PARA GENERAR TU SIGUIENTE IDEA EXITOSA DE NEGOCIOS

No tienes que ser un genio para tener una idea de negocio. ¡Es exactamente lo contrario! Es realmente simple tener ideas de negocios todo el tiempo, sim embargo, el reto está en tener una idea de negocios que trabaje bien para ti y vaya con tu personalidad y necesidades.

En esto es en donde la mayoría de la gente se estanca, muchas personas quieren empezar por si mismas y pensar en eso todo el tiempo, la gran pregunta es, ¿qué negocio debería empezar? Y esa no es una pequeña pregunta, a menudo, el tipo de negocio en que estás dirá si serás exitoso o no.

Así que, si tienes algún tipo de marco de referencia o direcciones para tener tu mente enfocada en ideas de negocios que vengan bien contigo y trabajen con tu propia situación, entonces has tomado el gran paso hacia tener un negocio exitoso.

IDEAS DE NEGOCIOS

1. ¡EMPIEZA PENSADO! PON TU CEREBRO A TRABAJAR.

Si estás muy ocupado en tus rutinas diarias como para tomar el tiempo de pensar y reflexionar en lo que quieres o sientes que tu cerebro está muy presionado y carente de la habilidad de echar a volar tu imaginación, no te preocupes. Este capítulo tiene consejos que te ayudarán a empezar con el proceso creativo.

El primer paso hacia crear pensamientos es entendiendo cómo la mente trabaja y cómo estimular tu cerebro. Iré profundo en este tema porque podríamos necesitar varios libros para cubrirlo, pero brevemente mencionaré los elementos clave.

El cerebro tiene dos partes principales; el hemisferio derecho e izquierdo, cada uno de estos tiene diferentes funciones y trabaja diferente.

El hemisferio derecho es una parte creativa y artística, es la parte que aprecia el arte, usa formas, colores e imágenes para analizar el proceso de información, y es también la parte que controla la creatividad y la imaginación.

La parte izquierda es la parte lógica, es la parte que desarrolla cálculos matemáticos, mira causas y efectos, usa palabras para describir y definir, y es también la parte que controla el habla, la gramática, y el orden de las palabras.

Para que seas exitoso en los negocios, tienes que tener un balance en ambos lados. Tienes que ser imaginativo y creativo para tener ideas de negocios, tener soluciones creativas para problemas de negocios.

También tienes que ser lógico para analizar y definir las oportunidades de negocios, calcular riesgos de negocios y pesar tus opiniones para tratar con los problemas diarios de negocios. El cerebro es como un músculo si no lo ejercitas regularmente para tenerlo en formal.

No puedes prepararte par aun maratón al sentarte en el sofá todo el día. Las barreras comunes para pensamientos creativos son los hábitos, actitudes, rutinas diarias, falta de confianza o la necesidad constante de guía de otros. Una buena manera de romper o dominar esas barreras es ser de mente abierta, ser receptivo a nuevas cosas, tomar nuevos desafíos, o simplemente darle a tu cerebro una luz verde para pensar con creatividad. Así que tomate tu tiempo para pensar y estimula tu cerebro.

Cambiar es una de las mejores maneras de estimular tu cerebro y descubrir nuevas ideas. Un cambio de escenario puede ayudarte a limpiar tu mente de tus problemas diarios y dar algo de claridad para empezar a pensar creativamente, puedes ir al jardín, playa o algún otro lugar que te guste y toma el tiempo para ejercitar tu cerebro.

Un cambio de personas puede ayudarte también, al encontrar nueva gente y escucharlas hablar acerca de sus problemas y frustraciones, puedes ganar una mejor perspectiva dentro de sus necesidades y aspiraciones, lo cual es la base de un negocio exitoso. Un cambio de lugar también definitivamente te ayudará a descubrir nuevas ideas que no has visto o escuchado antes.

La conclusión es que no necesitas ir al otro lado del mundo para encontrar nuevas ideas, los pequeños cambios que haces en tu vida diaria te pagarán en una gran manera.

2. COMPRA UN CUADERNO

Ahora que sabes cómo estimular tu cerebro y empezar con el proceso de pensamiento creativo, necesitas llevar la cuenta de tus ideas y asegurar que puedes documentarlas para estudiarlas y examinarlas más adelante. En cada negocio, puedes pensar en empezar con una pequeña idea en algún lugar, desde observaciones pequeñas, situación frustrante, o mientras tomas un baño.

La diferencia es que esas personas quienes tenían esas ideas tomaron el tiempo para pensar acerca de estas ideas y mejorarlas para crear negocios exitosos. Nunca sabrás cuando la inspiración viene, así que ten un cuaderno cerca de ti todo el tiempo para escribir estas ideas cuando sea que vengan.

3. SIGUE TU PASIÓN

Una vez que empiezas un negocio, pasarás mucho de tu día por muchos años haciendo ese negocio. Así que asegúrate de escoger un negocio con el cual sientas pasión y emoción. Si no te gusta el negocio en el que estás, las posibilidades son que no podrías tener éxito en ese negocio, probablemente porque no tienes lo que requiere, pero mayormente porque puedas perder interés tan fácilmente in el enfrentar los problemas que ello te traerá en el camino.

Comenzar y construir un negocio pequeño no es una tarea pequeña, será mucho trabajo, enfrentarás muchos problemas, tendrás que lidiar con muchas situaciones que nunca encontraste, así que mejor sé algo que amas hacer. Encontrarás que cuando las cosas se ponen duras, es tu pasión la que te hará ir y dominar los obstáculos.

Si no amas lo que haces, lo dejarás una vez se levanten los problemas.

Adicionalmente, si haces algo que amas personalmente y entiendes sus motivaciones, estarás en un mejor lugar para entender las necesidades de tus clientes y cumplir con ellos. Entender las necesidades de los clientes y sus motivaciones para comprar es el elemento clave para entender tu negocio y asegurar el éxito.

Habiendo dicho eso, cuando decidas tomar un viejo hobby en un nuevo negocio, tienes que trabajar en los cálculos y asegurar que hay suficiente demanda de este producto o servicio. Y que las personas están dispuestas a pagar por eso. De lo contrario, terminarás haciendo algo en lo que mucha gente no está interesada.

4. MANTÉN LOS OJOS ABIERTOS

Las nuevas oportunidades de negocios nacen de nuevas situaciones cada día. Mantén un ojo abierto en lo que está pasando a tu alrededor, ten el hábito de leer las noticias e identificar las nuevas oportunidades. Puedes leer que las personas se están quejando de los malos servicios de salud en tu área o la carencia de escuelas en tu barrio. Habla con tus vecinos y la gente que conoces, ¿Qué les está frustrando? ¿Qué quieren ellos que cambie en tu barrio? ¿Tu vecina se está quejando de que ella necesita manejar largas distancias para llegar a la tintorería más cercana? O ¿se está quejando tu vecina acerca de la falta de comestibles en las proximidades a dónde vives? ¿Están tus compañeros de trabajo frustrados de que no hay restaurantes cerca del edificio de trabajo?

Si mantienes los ojos abiertos a nuevos desarrollos y cambios alrededor de ti, podrás capitalizar en las emergentes oportunidades que se levanten.

No necesitas tener ideas de negocios originales y únicas para tener éxito, a menudo, son las ideas que han sido probadas una y otra vez con el tiempo que muestran ser exitosas, así que mira en tu área, y mira lo que falta, eso podría ser tu siguiente negocio.

5. CAPITALIZA TUS FORTALEZAS

La mayoría de la gente es buena en algo. Mira en tus experiencias y carrera, ¿qué es eso que puedes hacer bien? ¿Trabajaste en manejo de proyectos por 15 años y conoces los pros y contras de los negocios? Esto es a menudo el mejor lugar para empezar. La mayoría de la gente teme empezar su propio negocio porque se enfocan en sus debilidades y piensan que fallarán a causa de las cosas que no pueden hacer bien. Nadie es perfecto, no todo dueño de negocio exitoso es un Superman.

En lugar de enfocarte en las cosas que no puedes hacer bien, enfócate en las cosas en que eres bueno. ¿Qué puedes hacer mejor que otros? ¿Y cómo puedes hacerlo diferente? A veces, necesitas una nueva idea para empezar un negocio, tal vez un pequeño cambio en una idea establecida es tu respuesta.

SI tu industria está detrás de otras industrias en la forma en que hace negocio, tal vez puedes presentar un nuevo sistema para automatizar el proceso o computarizar los registros.

En conclusión, mira las cosas que sabes mejor y enfoca tu pensamiento en estas áreas. Ellos no necesariamente necesitan ser de tu vida laboral.

Podrías descubrir que eres bueno en ayudar a tus amigos en ordenar sus finanzas personales, así que podrías pensar en abrir un negocio donde ayudes a individuos a planear sus finanzas personales.

6. EXPLORA NUEVAS COSAS

Como mencioné anteriormente, cambiar es uno de los estimuladores más grandes del cerebro. Incluso si no quieres abrir tu propia tienda de café, la siguiente ocasión que estés dentro de una, mira cómo están hechas las cosas y piensa en nuevas maneras de mejorarlo.

A menudo este pensamiento podría conducirte a nuevas maneras de mejorar tus propias ideas de negocios en el campo que escogiste. Suficientemente extraño, tu siguiente idea de negocios podría ser algo que nunca tu cruzó la mente si no has estado en esa reunión de negocios fuera de la ciudad. Mientras mayor experiencia, más amplias son tus opciones, dejándote en una mejor posición para generar nuevas ideas y presentar un nuevo pensamiento.

7. REVISA TU CUENTA DE BANCO

Empezar y operar un negocio requiere dinero. Dependiendo de tu situación, necesitas pensar el negocio que se ajuste a tu presupuesto. Las finanzas de todos son limitadas, así que asegúrate que cualquier idea de negocios que tengas sea realizable.

Si tienes una pequeña cantidad de dinero, entonces mira las ideas de negocios que no tienen dinero en efectivo, tal vez empieza pequeño y crece el negocio.

Habiendo dicho eso, hay lugares donde puedes financiar tus negocios, como bancos, empresas de capital, familia, amigos y asociaciones de negocios pequeños en tu área. Trabaja por adelantado el nivel de financiación que eres capaz de levantar, y enfócate en el negocio que no exceda esos límites.

Otro punto clave para considerar aquí, mientras hay beneficios obvios por obtener ayuda financiera por fuera para empezar tu propio negocio, esos usualmente significarán tendrás que compartir tu negocio con otros o endeudarte. Piensa cuidadosamente acerca de estas opiniones y decide por adelantado si estos son riesgos que quieres tomar o quieres hacerlo completamente por tu cuenta.

8. SABER LO QUE QUIERES EN LA VIDA

Además de tus metas de negocios, piensa en las razones por las que quieres comenzar a hacer negocios en primer lugar. ¿Qué es lo que estás buscando? ¿Cuáles son tus metas en la vida? ¿Estás empezando un negocio para ser capaz de pasar más tiempo con tu familia? ¿Para hacer más dinero? ¿Para ser respetado entre tus compañeros? Cualesquiera que sean tus metas, asegúrate de que tu idea de negocio complemente estas metas y te ayude a alcanzarlas. Si tu meta es encontrar más tiempo para pasar con tu familia y hacer otras cosas, entonces empezar un negocio que te requiera trabajar 16 horas al día o viajar constantemente no podría ser la mejor idea.

Más a menudo de lo que la gente piensa, el dinero no es la razón real por la que la mayoría de la gente empiezan sus negocios. Mientras la libertad financiera es un gran beneficio por tener un negocio exitoso, cualquier negocio puede hacer dinero, el tipo de negocio y la manera en que haces el negocio estará dictado por otras cosas que sólo por el dinero.

9. ESCOGE UN NEGOCIO QUE VAYA CON TU PERSONALIDAD

¿Eres una persona de la mañana o una creatura de la noche? Cada persona tiene sus propias horas pico del día. Encontrarás muy pocos panaderos exitosos o dueños de diarios que no les guste levantarse temprano.

Si tú no eres una persona matutina, evita negocios que te necesitarán para que trabajes en las tempranas horas de la mañana.

Si eres una persona de la noche, entonces tal vez operar un club nocturno o un restaurante que se mantiene abierto hasta tarde sea más cómodo para ti. A la inversa, si duermes temprano, operar un negocio que te requiere mantenerte despierto hasta tarde podría no ir contigo.

¿Eres una persona de interior o exterior? ¿Te gusta trabajar en una oficina por largas horas o no puedes soportar la oficina y sientes que necesitas moverte todo el tiempo?

Si te gusta el ambiente silencioso de la oficina, entonces escoge un negocio que pueda ser hecho desde una oficina. Si te gusta estar en movimiento, escoge un negocio que te requiera ir a diferentes lugares y conocer nuevas personas.

¿Eres un cerebro o una persona práctica? Las personas hacen las cosas diferente, a algunas personas les gusta hacer cosas que involucre pensar y trabajar sus cerebros, otras personas les gusta hacer cosas que requiera hacer artesanías y trabajo práctico.

IDEAS DE NEGOCIOS

¿Eres una persona tímida o extrovertida? Si eres una persona tímida, entonces ser un orador publico podría no ser la mejor idea para ti. Si eres una persona extrovertida y te gusta conocer nuevas personas todo el tiempo, tener un negocio basado en Internet podría privarte de ese gozo.

Creo que tienes la idea, piensa en tus rasgos personales y atributos y escoge una idea de negocios que vaya con tu personalidad.

CONCLUSION

Lee acerca de otras personas que empezaron sus propios negocios: Una gran parte de ser exitoso es mirar a otras personas exitosas y aprender cómo ellos alcanzaron su éxito.

Leer autobiografías acerca de figuras de negocios prominentes y exitosos y aprender cómo ellos empezaron su viaje te dará una gran idea en cómo ellos hicieron las cosas y lo que exactamente ellos hicieron para ser exitosos. Encontrarás que la mayoría de ellos empezaron con nada.

Muchos de ellos fallaron en varios negocios y tuvieron que escuchar a personas que les decían que ellos nunca serían exitosos. Pero ellos permanecieron e intentaron una y otra vez hasta que tuvieron éxito. No es si fallas lo que te hace el hombre que eres, es cómo te levantas después de la caída.

Estudia sus personajes, ¿Qué tienen los exitosos en común? ¿Cómo alcanzaron su visión? ¿Qué desafíos tuvieron que vencer? Busca similitudes entre sus historias y tu situación actual.

Encontraras que es una gran fuente de inspiración y motivación. Si otros justamente como tú lo hicieron, entonces tú puedes hacerlo también.

www.ingramcontent.com/pod-product-compliance
Lightning Source LLC
Chambersburg PA
CBHW050028230526
45470CB00003B/1178